Ole Nissen
Ralf Helling

Lübeck

gestern und heute

Wartberg Verlag

Bildnachweis

Historische Fotos: Privatsammlung Otto Rohde: S. 6, 8, 12, 14, 20, 28, 36, 40, 44, 46, 48, 50, 62, 70; Privatsammlung Karl-Heinz Nissen: S. 10, 26, 32, 34, 37, 38, 49, 52, 58; Vintage Germany, Bildagentur und Verlag, Dr. Jan Zimmermann: S. 16, 18, 19, 21, 22, 24, 25, 30, 31, 39, 42, 54, 56, 60, 64, 66, 68, 69

Titel: ullstein/Ralf Helling

Umschlagrückseite: Privatsammlung Karl-Heinz Nissen / Ralf Helling

Aktuelle Fotos: Ralf Helling

Danksagung

Unser Dank gilt Otto Rohde und Irmchen von Ehren für die Unterstützung bei der Zusammenstellung des historischen Bildmaterials. Ferner danken wir Karl-Heinz Nissen für seinen jederzeit sachkundigen Rat in allen Fragen zur Lübecker Geschichte.

1. Auflage 2012

Satz und Layout: Jochen Ebert, Kassel
Druck: Bernecker MediaWare AG, Melsungen
Buchbinderische Verarbeitung: Buchbinderei Büge, Celle

34281 Gudensberg-Gleichen, Im Wiesental 1
Telefon: 0 56 03 - 9 30 50
www.wartberg-verlag.de
ISBN 978-3-8313-2248-0

Lübeck – Ein Denkmal?

Natürlich, die stolze Stadt an der Ostsee beeindruckt zunächst einmal durch ihre imposanten Backsteinkirchen mit ihren berühmten sieben Türmen, die seit Jahrhunderten den Reichtum der einstigen Königin der Hanse weithin sichtbar machten. Aber das Leben spielt sich eben vor allem auf den Straßen, den engen Gassen, den Geschäften, Schulen und auf den Plätzen und Hinterhöfen ab. Und genau dort beobachtet der Zeitreisende die wesentlichen Veränderungen im Bild der Stadt. Nicht selten haben Gebäude und Fassaden ihr Erscheinungsbild nur ganz behutsam der neuen Zeit angepasst, sodass sie, schaut man sich alte Fotos an, fast unverändert erscheinen. Ebenso oft aber fielen uns während der Recherche Fotografien in die Hände, die wir zunächst keiner uns bekannten Gegend der Stadt zuordnen konnten. Ein Kirchturm im Hintergrund oder ein markanter Giebel und nicht selten der Tipp eines erfahrenen Lübeckkenners halfen dabei, den Ort der Aufnahme überhaupt identifizieren zu können.

Manchmal sind die Veränderungen, die ein Straßenzug oder Platz im Laufe der Jahrzehnte erfahren hat, sogar derart einschneidend, dass eine Wiedererkennung aus heutiger Sicht gar nicht mehr möglich ist. Und bei dem einen oder anderen Bild werden Sie auch als Lübeckkenner sicher zweimal hinsehen müssen, um sich im Geiste orientieren zu können.

Die größten Veränderungen erfuhr die Stadt zweifellos durch die verheerenden Verwüstungen des englischen Bombenangriffs vom 29. März 1942, über welchen Thomas Mann aus dem Exil im Rundfunk verlauten ließ, er habe nichts dagegen einzuwenden – nun ja ... Auch aus dieser Zeit werden Sie einige Aufnahmen finden.

Mit der Gegenüberstellung von historischen und aktuellen Fotografien möchten wir Ihnen die Möglichkeit geben, Altbekanntes neu zu entdecken. Doch das ist nicht alles, vielmehr möchten wir auch einen Eindruck vom Leben und Alltag der Lübecker Bürger in vergangenen Jahrzehnten geben. Die Lübecker habe ihre Stadt immer geliebt. Und das ist heute nicht anders. Eine Stadt am Puls der Zeit, voller neuer Ideen und Lebensfreude.

Wir wünschen Ihnen viel Freude mit diesem Buch.

Ole Nissen und Ralf Helling

Das Holstentor

Das Holstentor um 1910. Das Holstentor ist das eigentliche Wahrzeichen der Stadt und vermutlich weltweit bekannter als die Marienkirche. Es wurde 1478 als mittleres von später drei hintereinanderliegenden Stadttoren erbaut. Das Aussehen des inneren Holstentors ist nicht überliefert, man weiß aber, dass es bereits zuvor eine Toranlage an dieser Stelle gab. Durch die Verbreitung der Pulverwaffen erschien diese aber nicht mehr zeitgemäß, sodass die gesamte Stadtbefestigung der neuen Bedrohung angepasst werden musste.
1585 wurde die Toranlage durch ein äußeres Holstentor ergänzt. Der Bau wurde jedoch im Jahre 1853 wieder abgerissen, um an seiner Stelle Platz für einen Bahnhof zu schaffen. Viele Bürger setzten sich dafür ein, historische Baudenkmäler zu erhalten. Leider blieben ihre Bemühungen in diesem Fall erfolglos.

Der Straßenverkehr führte nun nicht mehr durch das Tor hindurch, sondern südlich daran vorbei. Ab 1934 wurde der Verkehr auch auf der Nordseite zwischen dem Holstentor und dem 1928 fertiggestellten Reichsbankgebäude hindurchgeleitet. Auf der Südseite des Holstentorplatzes wurde in den 50er-Jahren das Gewerkschaftshaus errichtet.
Durch das enorme Gewicht der über einen Meter dicken Wände und den gewässernahen Untergrund ist das Holstentor im Laufe der Jahrhunderte nach Westen hin deutlich abgesackt. Inzwischen steht es schief, was die Statiker nicht weiter beunruhigt. 2006 wurde das Holstentor saniert und die Diskussion um ein Hakenkreuz, das während der Nazizeit angebracht worden war, erhitzte die Gemüter. Bevor jedoch Hand angelegt werden konnte, wurde das Hakenkreuz von unbekannter Hand entwendet. Heute befindet sich an derselben Stelle eine Platte mit der Jahreszahl 2006, mit der an die Sanierung erinnert wird.

Die Salzspeicher

Südlich des Holstentores befinden sich die altehrwürdigen Salzspeicher. Die Backsteingebäude stammen aus den Jahren 1579 bis 1745. Salz war im Mittelalter ein begehrtes und teures Handelsgut und wurde daher auch als „weißes Gold“ bezeichnet. Es diente vor allem zur Konservierung der Ostseeheringe und gelangte über die alte Salzstraße von Lüneburg nach Lübeck. Seit der Fertigstellung des Stecknitzkanals 1398 wurde der Transport des Salzes von der Straße aufs Wasser verlegt. Über den Kanal wurden im 15. Jahrhundert bis zu 30 000 Tonnen Salz befördert. Das Frachtgut der Stecknitzfahrer konnte direkt vom Boot in die Lagerräume der Salzspeicher gehoben werden. Das Foto zeigt die Gebäude in den 30er-Jahren.

Heute befindet sich das Modehaus Heick & Schmalz in den Räumen der Salzspeicher.

Das Burgtor

Das Burgtor von der Innenstadtseite Anfang der 30er-Jahre. Ebenso wie das Holstentor diente auch das 1444 erbaute Burgtor der Sicherung der Stadt und ihrer wohlhabenden Bewohner. Seine barocke Dachkuppel trägt das Tor seit 1686, nachdem der ursprüngliche Turm durch ein Feuer zerstört wurde. Es war ebenfalls eines von drei hintereinanderliegenden Toren. 1806 gelang es den Franzosen nach einer Schlacht durch das Burgtor in die Stadt einzudringen und Lübeck zu erobern. Eine Gedenktafel am östlichen Torbogen erinnert an die Zeit der französischen Besetzung.

Das Tor hatte ursprünglich nur einen Torbogen. Das zunehmende Verkehrsaufkommen führte jedoch dazu, dass 1850 ein zweiter, 1875 der dritte und schließlich 1928 der vierte Durchgang hinzukamen. Von der Innenstadt aus betrachtet liegen links der alte Marstall und rechts das ehemalige Zollhaus. Die runde Wehrmauer verbirgt auf ihrer Innenseite einen kleinen verwunschenen Garten. Das Zollhaus wurde viele Jahre von der Lübecker Ehrenbürgerin Alen Müller-Hellwig bewohnt, die in den Räumen des alten Zollhauses ihre Teppichweberei hatte. Bis heute ist die kunsthandwerkliche Werkstatt in Betrieb, inzwischen unter der Leitung von Ruth Löbe.

Die Wakenitzmauer

Ursprünglich verlief die Straße „An der Mauer" parallel zu der alten Stadtmauer aus dem 13. Jahrhundert. 1853 wurde diese Befestigungsanlage weitgehend abgerissen, sodass auch erst seit dieser Zeit die östliche Straßenseite mit Gebäuden bebaut werden konnte. Der Straßenzug umfasste früher auch die heutige Wakenitzmauer und endete somit direkt am Burgtor. Im Stile der charakteristischen runden Durchgangsbögen des Burgtors wurden 1903 in der östlich gelegenen Stadtmauer ebenfalls Durchgänge geschaffen. Der Straßenzug der Wakenitzmauer wurde bis zur Burgtorbrücke verlängert.

Die Häuser rechts im Bild wurden liebevoll restauriert.

Das Heiligen-Geist-Hospital

Das Heiligen-Geist-Hospital wurde 1286 im Stil der Backsteingotik erbaut und gilt als eine der ältesten Sozialeinrichtungen Europas.

Nicht nur, dass die Bausubstanz des Heiligen-Geist-Hospitals über die vielen Jahrhunderte bis heute erhalten blieb, es diente auch ununterbrochen seinem ursprünglichen Zweck. Heute ist es ein nach wie vor beliebtes und angesehenes Seniorenheim.

Das Kanzleigebäude

Das Kanzleigebäude trennt den östlichen Marienhof von der Breiten Straße und verläuft von der Mengstraße bis zum Rathaus. Der nördliche Teil des Gebäudes diente lange Zeit als Polizeiwache. Die Lübecker bezeichneten das Gebäude respektlos als den größten Automaten Lübecks: Wenn man oben mit einem Stein ein Fenster einwarf, dann kam unten ein Polizist heraus. Wie auf dem Foto von 1908 zu erkennen ist, stand der erste Arkadenbogen noch nicht als Durchgang zur Verfügung.

Im Kanzleigebäude sind heute zahlreiche kleine Geschäfte untergebracht, welche zur Fußgängerzone hin eine breite Schaufensterfläche bilden. Im Obergeschoss befinden sich zwei Cafés. Bei dem im Bild erkennbaren grauen Gebäude auf der gegenüberliegenden Seite der Breiten Straße handelt es sich um den Karstadt-Neubau.

Das Katharineum

Das Katharineum ist das älteste Gymnasium der Stadt. Es wurde 1531 in den Räumen des ehemaligen Franziskaner-Katharinenklosters eingerichtet. Christian Adolph Overbeck, Theodor Storm, Emmanuel Geibel, Werner von Siemens und natürlich Thomas und Heinrich Mann drückten hier die Schulbank. Der eigentliche Klosterbau aus dem 14. Jahrhundert wird vom neugotischen Schulgebäude aus den Jahren 1880 bis 1892 zur Königstraße hin verdeckt.
Die Grundsteinlegung der im Hintergrund angrenzenden Katharinenkirche erfolgte im Jahr 1225, also noch zu Lebzeiten des Ordensstifters Franz von Assisi. Da diese Kirche nicht wie die anderen großen Innenstadtkirchen einen repräsentativen Turm aufweist, spielt sie im Bewusstsein der Lübecker und den Besuchern der Stadt trotz ihrer beeindruckenden Größe leider eine eher untergeordnete Rolle.

Die hohe und etwas bedrückende Schulhofmauer wurde Anfang der 30er-Jahre durch eine niedrigere ersetzt, die den Blick vom Schulhof auf die Straße ermöglicht. Erst vor wenigen Jahren erhielt das Gebäude die auffälligen hellen Giebelverkleidungen, die wir heute sehen.

Die alte Feuerwache und das Johanneum

Die alte Feuerwache aus dem Jahr 1905 an der Ecke bei St. Johannis und Fleischhauerstraße war bis 1982 in Betrieb. Seit Anfang 2000 ist sie Teil des Johanneums. Dabei wurden die schulischen Belange mit einem hohen Anspruch an den Denkmalschutz erfolgreich in Einklang gebracht.

Ebenso wie das Katharineum ist auch das Johanneum in den Räumen bzw. auf dem Gelände eines ehemaligen Klosters untergebracht. Nach der Reformation diente das Zisterzienser-Nonnenkloster zur Unterbringung lediger Töchter wohlhabender Lübecker Bürger.
Zeitgleich zur alten Feuerwache wurde das heutige Haupthaus des Gymnasiums an der Dr.-Julius-Leber-Straße errichtet. Der Blick über den Schulhof zeigt die Rückseite des Gebäudes. Hinter dem Baum in der Ecke des Schulhofs (vgl. das Bild unten) befindet sich seit 1907 ein Brunnen mit einer Statue Johannes des Täufers von Fritz Behn. Der Künstler war sich nicht darüber im Klaren, dass es sich bei dem Namensgeber der Schule nicht um den Täufer, sonder um den Evangelisten Johannes handelte.

Die Hauptturnhalle

Die Hauptturnhalle um 1915. Die Hauptturnhalle an der Ecke Mühlenstraße und Musterbahn wurde 1891 von Adolf Schwiening im neugotischen Stil gebaut. Sie war damals die größte Sporthalle der Stadt und blieb von den Zerstörungen des Zweiten Weltkriegs verschont. Zwischenzeitlich, nach 1942, diente sie zur Unterbringung eines ausgebombten Unternehmens.

Seit 1991 steht die Halle unter Denkmalschutz. Sie wird heute unter anderem im Winter für den Sportunterricht der angrenzenden Domschule genutzt.

Der Bahnhof

Der alte Bahnhof der Lübeck-Büchner-Eisenbahn-Gesellschaft von 1850 befand sich auf der Wallhalbinsel in der Nähe des Holstentors. Um ihn zu bauen, wurde das prachtvolle äußere Holstentor trotz einigen Widerstands der Lübecker Bürger abgerissen. Immerhin gelang es den Abrissgegnern, den Erhalt des inneren und heute für das Stadtbild unverzichtbaren Holstentores sicherzustellen. Da der Bahnhof jedoch bald zu klein wurde, suchte man nach einem alternativen Standort und riss das Gebäude 1934 bei der Umgestaltung des Holstentorplatzes ab.

1910 war der „neue" Hauptbahnhof bereits an das Lübecker Straßenbahnnetz angeschlossen.

Das heutige Bahnhofsgebäude wurde 1908 nach Plänen des Architekten Fritz Klingholz fertiggestellt. Die neue Bahnsteighalle wurde 100 Meter lang und 85 Meter breit angelegt. Heute werden hier bis zu 30 000 Fahrgäste am Tag gezählt. Durch die stärkere Nutzung der „Vogelfluglinie" erfuhr der Bahnhof in den 1960er-Jahren eine zunehmende Bedeutung. Die Routen wichtiger Verbindungszüge, wie die des Italien-Expresses, des Alpen Expresses oder des TTK Merkur von Stuttgart nach Kopenhagen verliefen über Lübeck. Nach der Fertigstellung der Großen-Belt-Querung in Dänemark im Jahr 1998 büßte der Bahnhof an Bedeutung ein. Das 1967 zuletzt restaurierte Gebäude befand sich zu dieser Zeit bereits in einem beklagenswerten Zustand. Von 2003 bis 2007 wurde der Bahnhof umfassend saniert.

Der Markt und St. Marien

Vor dem Zweiten Weltkrieg war der Blick auf die Marienkirche durch massive neuhistorische Privathäuser gestört, wie das Foto zeigt, das vor dem Abriss des Telegrafenamtes (links im Bild) entstand. Nachdem diese Gebäude 1942 vollkommen niedergebrannt waren, wurde 1953 ein deutlich niedrigeres Traufenhaus mit einem Café und Durchgang zum Rathaushof gebaut.

St. Marien und das im 14. Jahrhundert erbaute Rathaus sind von jeher die dominanten Bauten, die das Bild des Lübecker Marktes prägen. In der Mitte des 12. Jahrhunderts reichte der Markt vom Koberg bis zur Mengstraße und vom Schüsselbuden bis zur Breiten Straße. Im Norden des Platzes entstand im selben Jahrhundert zunächst eine Holzkirche, die wenige Jahre später durch eine romanische Basilika ersetzt wurde. Dem Zeitgeist folgend, wurde die Basilika im 13. und 14. Jahrhundert zu einer gotischen Kathedrale umgebaut, die nun von einem Friedhof umgeben war. Das Kanzleigebäude unterhalb des Ostchores trennte schließlich die Marienkirche vom Markt ab.

In der Bombennacht vom 28. auf den 29. März 1942 brannte St. Marien völlig aus. 1947 begann der Wiederaufbau, der Ende der 50er-Jahre weitestgehend abgeschlossen war. Aus Gründen des Brandschutzes verzichtete man auf ein Holzdach und entschied sich für ein Dach in Leicht-Betonweise.

Zum Süden hin wird der Marktplatz von St. Petri überragt. Rechts im Bild, das um 1940 entstanden ist, ist das alte Postgebäude zu sehen.

Die Gebäude im Süden des Marktes wurden im Zweiten Weltkrieg vollständig zerstört. In den Nachkriegsjahren diskutierte man in der Stadt darüber, den Markt zum Kohlmarkt hin offen zu lassen. Schließlich jedoch entschied man sich dagegen, vielmehr sollte der Kohlmarkt um 26 Meter verbreitert werden. Dazu wurde das neu zu errichtende Gebäude um 12 Meter in den Markt hineinversetzt. Heute gesellt sich im Westen das mächtige 2004 erbaute Peek & Cloppenburg Geschäftshaus hinzu. Der Blick durch die Rathausarkaden ist ein beliebtes Fotomotiv.

Schüsselbuden

Der Schüsselbuden westlich der Marienkirche gehörte ebenso wie die Mengstraße im Westen zum historischen Kaufmannsviertel der Stadt. Hier befanden sich viele der ältesten und eindrucksvollsten Häuser Lübecks, die 1942 weitgehend vernichtet wurden. Zum Kaufmannsviertel gehören auch die zum Hafen abfallende Braunstraße, Fischstraße und Alfstraße. In diesem Bereich befindet sich derzeit eine der bedeutendsten und größten Ausgrabungsstätten, die Lübeck je gesehen hat.

Im Vergleich zur Vorkriegszeit ist der Straßenzug der Fischstraße nicht mehr wiederzuerkennen. Wo einst prächtige Kaufmannshäuser standen, befindet sich heute der Gebäudekomplex der Hanse-Schule für Wirtschaft und Verwaltung.

Der Blick vom Kaufmannsviertel auf die zerstörte Marienkirche zeigt das Ausmaß der Verwüstungen von 1942.

Der Schrangen

Der Schrangen verbindet die Breite Straße mit der Königstraße. Von diesem Platz aus öffnet sich der Blick auf den Chor der mächtigen Marienkirche mit dem darunterliegenden Kanzleigebäude. Auf dem Platz selbst befanden sich bis in die Mitte des 19. Jahrhunderts die Verkaufsstände der Schlachter. 1928/1929 wurden zahlreiche Gebäude abgerissen und der Schrangen hin zu den Nachbarstraßen erweitert. Seitdem ist der Platz ca. 40 Meter lang und 20 Meter breit.

Im Osten des Schrangen, entlang der Königstraße, befand sich ein Häuserblock, an dessen Seiten zwei sehr schmale Gassen, der Alte Schrangen und der Kleine Schrangen, auf den Platz führten. Der Blick von der Königstraße auf St. Marien war verstellt. Diese Gebäude wurden 1928 abgerissen.
Bereits 1884 wurden das Stammhaus der Firma Rudolph Kartstadt AG an der Ecke Breite Straße und Johannisstraße, der heutigen Dr.-Julius-Leber-Straße gegründet. In den kommenden Jahren erwarb der Betrieb weitere Häuser in der Nachbarschaft, bis schließlich 1913 nach einem Brand das erste große Karstadt-Kaufhaus erbaut wurde. Diese Gebäude wurden 1942 vollständig zerstört. Der Neubau von 1948 wurde 1961 bis zur Königstraße hin ausgebaut. Auf der gegenüberliegenden Seite des Schrangen entstand das Anny-Friede-Haus, nachdem mehrere Gebäude aus dem 16. Jahrhundert abgerissen worden waren.

Der Neubau von 1948 wurde 1961 bis zur Königstraße hin ausgebaut. Auf der gegenüberliegenden Seite des Schrangens entstand das Anni Friede-Gebäude. Hierzu wurden mehrere Häuser aus dem 16. Jahrhundert abgerissen. Ein derartiger städtebaulicher Frevel wäre heutzutage kaum noch vorstellbar. 1994 entstand, mit einem weiteren Neubau des Karstadt-Kaufhauses, der heutige Anblick des Platzes.
Nachdem der Schrangen viel Jahre ein attraktiver und ausschließlich von den gegenüberliegenden Karstadt-Häusern dominierter Platz war, ist er jetzt durch einige Bäume und Dekorationselemente gestaltet. Es wurde sogar eine Fengshui-Skulptur installiert (hinten rechts im Bild), welche dem Platz zu einer positiven Ausstrahlung verhelfen soll.

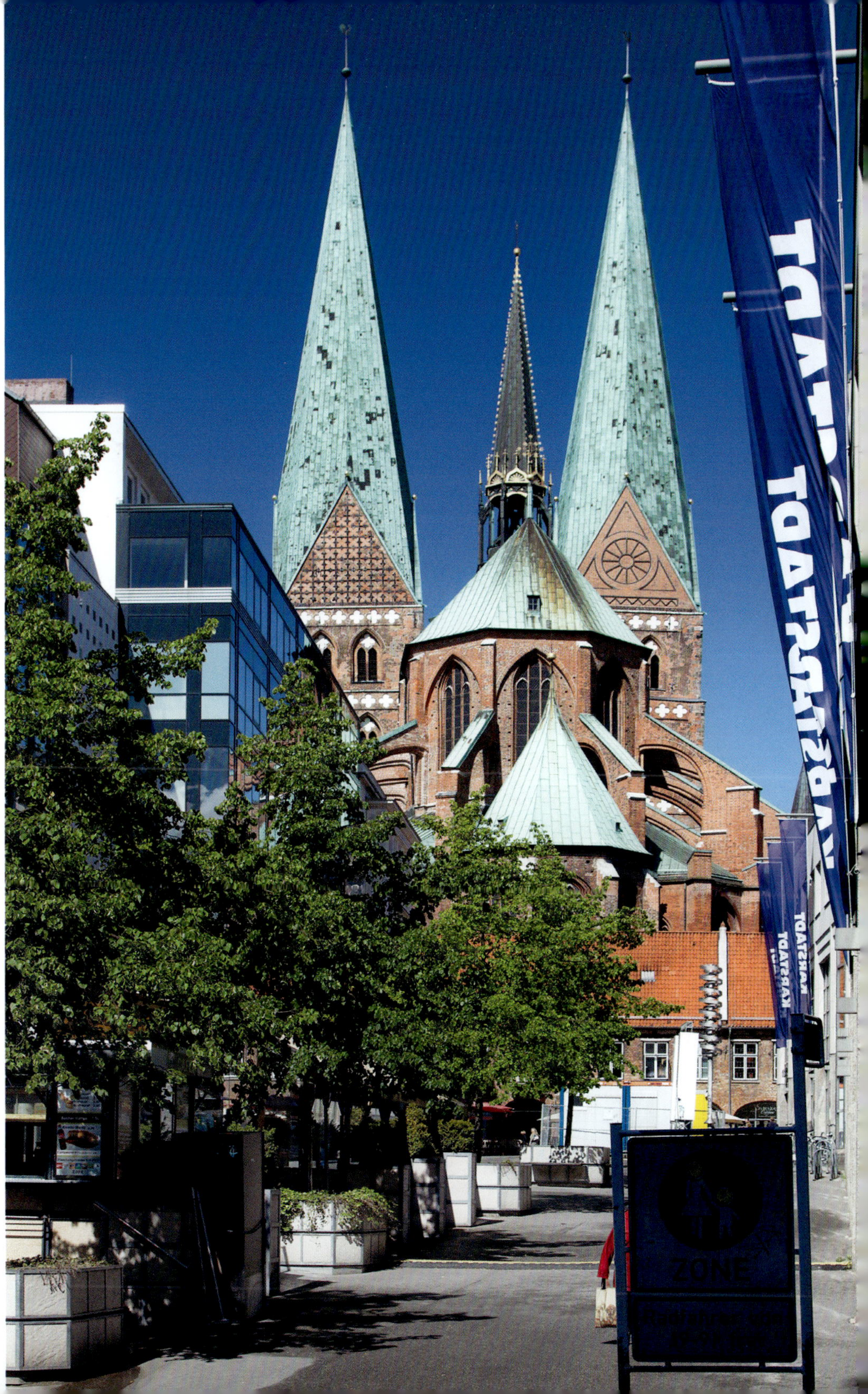

Der Klingenberg

Auf dem historischen Foto ist der Klingenberg fast nicht mehr wiederzuerkennen. Kaum ein Gebäude aus dieser Zeit hat die letzten 80 Jahre überlebt, lediglich der Dom im Hintergrund hilft bei der Orientierung. Auf dem Bild ist rechts das ehemalige hoch angesehene Hotel Stadt Hamburg zu sehen. Es wurde wie die meisten anderen Gebäude am Klingenberg im Zweiten Weltkrieg vollständig zerstört. Die beiden gusseisernen Löwen vor dem Haupteingang des Hotels überstanden jedoch die Bombennacht, wurden bis 1949 eingelagert und bewachen heute das Holstentor.

Der prachtvolle neugotische Siegesbrunnen des Kölner Architekten Franz Schmitz von 1875 erinnerte an den Sieg im Deutsch-Französischen Krieg. Nachdem ein Gutachten der Lübecker Baudirektion im Jahr 1931 zu dem Ergebnis gelangte, dass der Brunnen lediglich eine oberflächliche Nachahmung älterer Baustile ohne künstlerischen Wert darstelle, wurde er 1935 abgerissen. Das gleiche Schicksal widerfuhr dem Marktbrunnen aus dem Jahr 1873.

Mithilfe der Possehl-Stiftung wurde im Jahr 2011 erfreulicherweise wieder ein Wasserspiel auf dem Klingenberg in Betrieb genommen.

Am Klingenberg wurde in den letzten Jahrzehnten permanent gebaut, ohne dass es zu einem befriedigenden Ergebnis gekommen ware. Vor allem die Verkehrsführung war ein ständiges Ärgernis. Hier treffen Mühlenstraße, Aegidienstraße, Sandstraße, Schmiedestraße, Marlesgrube und Pferdemarkt zusammen. Da die Durchfahrt zur Holstenstraße sowohl über die Sandstraße als auch über die Schmiedestraße gesperrt ist, endet die Mühlenstraße praktisch als Sackgasse. Dadurch soll die Innenstadt vom Durchgangsverkehr entlastet werden.

Der Koberg / Geibelplatz

Der einstige Geibelplatz war früher eine kleine grüne Oase mit dem Denkmal des berühmten Dichters Emanuel Geibel (1815–1884) im Zentrum. Das Denkmal wurde 1889 aufgestellt.

Das Geibel-Denkmal wurde auf einen kleinen Platz rechts neben dem Heilig-Geist-Hospital versetzt. Der Koberg selbst steht für den Weihnachtsmarkt und das alljährliche Lübecker Weinfest zur Verfügung. Die meiste Zeit des Jahres aber ist er vollkommen leer und ungenutzt. Zum Leidwesen der Lübecker ist das Parken verboten – warum auch immer.

Der Lindenplatz

Aufgrund einer privaten Initiative wohlhabender Anwohner der Moisinger Allee und Fackenburger Allee wurden gegen 1780 im Bereich der damals namenlosen Straßenkreuzung Linden angepflanzt. Dies brachte der Kreuzung 1869 offiziell den Namen „Lindenplatz“ ein. Auf dem historischen Bild von 1912 sind noch einige der Bäume zu sehen. Der Platz wurde im 19. Jahrhundert gelegentlich für Pferdemärkte genutzt. 1884 wurde er dann mit über 100 verschiedenen Baum- und Straucharten zu einer aufwendigen Parkanlage umgestaltet. Nach dem Bau des neuen Hauptbahnhofs im Jahr 1905 lag der Park direkt in der Achse Holstenstaße, Puppenbrücke, Hauptbahnhof und musste den Anforderungen des wachsenden Straßenverkehrs weichen. Heute ist nur noch ein kleiner Teil des ehemaligen Baumbestands seitlich des Platzes vorhanden. Seit den 20er-Jahren regelten Verkehrspolizisten den Verkehr auf der Straßenkreuzung. Der heutige mehrspurige Kreisverkehr entstand 1958.

Der Lindenplatz gilt heute als einer der am meisten befahrenen Plätze Norddeutschlands. Immer wieder kommt es zu Unfällen, vor allem Fahrradfahrer sind gefährdet. Erst kürzlich wurde daher in der Ausfahrt zur Fackenburger Allee eine Ampel installiert. Trotz viel Skepsis seitens der Autofahrer hat sich das Konzept aber nach kurzer Zeit bewährt. Es ist kaum vorstellbar, dass hier einmal eine prachtvolle Parkanlage zur Ruhe und Entspannung einlud.

Der Dom

Der 1247 eingeweihte Dom gehört mit 130 Meter Länge zu den längsten Backsteinkirchen der Welt. Stadtgründer Herzog Heinrich der Löwe legte bereits 1173 den Grundstein für den Monumentalbau. Seine heutige Länge erhielt das Bauwerk allerdings erst 1341 mit der Erweiterung des Ostchors. Im Inneren lassen sich die massiven eckigen Säulen des älteren Teils deutlich von den schlanken und runden Säulen des jüngeren Bauabschnitts im Chor unterscheiden. Nach dem Krieg wurden die Domfundamente mithilfe einer Hydraulik-Konstruktion angehoben. Zudem erhielten die Türme beim Wiederaufbau eine Bewehrung aus Leichtbeton.

Der Blick von der Straße Kleiner Bauhof auf den Dom zeigt den Verlust alter Bausubstanz. Der flache Winkel, in den sich das Gebäude links dem alten Straßenverlauf anpasst, ist auch bei dem neu errichtet Wohnhaus beibehalten worden und gibt der Straße eine großzügige Weite.

St. Petri

Die Kirche wurde 1170 gegründet. Die ältesten erhaltenen Teile stammen aus der zweiten Hälfte des 13. Jahrhunderts. Um 1411 wurde der romanische Turm um zwei Stockwerke erhöht und erhielt schließlich 1427 seine charakteristischen vier Ecktürme. St. Petri ist als einzige der Lübecker Innenstadtkirchen fünfschiffig aufgebaut. Die historischen Gebäude der Uferstraße „An der Obertrave" blieben im Krieg von Zerstörungen verschont und sind heute in fachgerecht restaurierter Form vollständig erhalten.

Die Kriegsschäden an der Kirche St. Petri waren verheerend. Der Turm und das Dach stürzten ein und das Gebäude brannte vollkommen aus. Die gesamte Inneneinrichtung ging verloren. Das notdürftig überdachte Kirchenschiff diente der Lübecker Kirchenbauhütte als Lager. Erst 1987 wurde St. Petri als letzte der im Krieg beschädigten Innenstadtkirchen restauriert. Der über 20 Meter hohe Dachreiter von 1518 wurde allerdings bis heute nicht wieder aufgebaut und auf die Rekonstruktion der Inneneinrichtung wurde verzichtet. St. Petri hat keine eigene Gemeinde mehr. Sie wurde stattdessen zur Hochschul-/Uni-Kirche erklärt und dient als Rahmen für kulturelle Veranstaltungen aller Art. Die über einen Fahrstuhl erreichbare Aussichtsplattform des Turms ist heute eine beliebte Touristenattraktion.

St. Aegidien

Die Aegidienkirche ist die kleinste der Lübecker Innenstadtkirchen. Mit einer Mittelschiffhöhe von gut 15 Metern nimmt sich die Kirche im Vergleich zu ihren imposanten Schwestern geradezu bescheiden aus. Obwohl im umliegenden traditionellen Handwerker-Viertel in der Bombennacht von 1942 erhebliche Zerstörungen zu beklagen waren, blieb St. Aegidien weitgehend von Schäden verschont. Lediglich die Fenster mit ihren Glasmalereien wurden durch die nahe Detonation einer Luftmine zerstört.

Der Blick durch die „Weberstraße“/ Ecke „An der Mauer“ in Richtung Aegidienkirche zeigt eine nahezu unveränderte Struktur der Bausubstanz. Die Gebäude sind zum Teil klassizistisch, einige stammen aber auch aus dem 15. Jahrhundert. Der Name der 1302 erstmals erwähnten Straße geht auf die Weber- und Tuchmacher-Zünfte zurück, deren Mitglieder sich in diesem Teil der Stadt angesiedelt hatten. Die Straße führt im Rücken des Betrachters noch ein kleines Stück weiter bis zum Ufer des Krähenteichs.

St. Jürgen

An der Ratzeburger Allee befindet sich die 1646 erbaute St.-Jürgen-Kapelle, die dem vornehmen Stadtteil der Hansestadt seinen Namen gab. Zuvor gab es unweit des Mühlentors eine ältere St.-Jürgen-Kappelle aus dem Jahre 1290, die einer Vergrößerung der Mühlentor-Anlage weichen musste. Der neuen St.-Jürgen-Kapelle wurde ein separater hölzerner Glockenturm zur Seite gestellt.

Noch heute ruft die 1548 von Karsten Middeldorp gegossene Glocke aus der alten St.-Jürgen-Kapelle die Gläubigen sonntags zum Gottesdienst. Erst seit 1961 ist St. Jürgen eine eigenständige Kirche mit eigener Gemeinde, bis dahin gehörte die Kapelle zur Dom-Gemeinde.

Große Burgstraße

Die Große Burgstraße, hier ein Foto von 1872, war ursprünglich der einzige echte Landzugang zur Innenstadt. Erst der Bau des Elbe-Lübeck-Kanals und der damit verbundene Durchstich zwischen Kanal und Trave machte die Innenstadt zu einer Insel, welche nur noch über Brücken erreicht werden konnte. Die Große Burgstraße führt in einem leichten Bogen vom Burgtor zur Jakobikirche und stößt am Koberg stumpf auf die Königstraße. Im Mittelalter befanden sich hier zahlreiche Gasthöfe, in denen die vielen Reisenden und Seeleute Unterkunft fanden. Einige der ehemals gotischen Giebel wurden im Laufe der Zeit durch klassizistische Fassaden ersetzt.

Auch heute noch ist die Große Burgstraße ein wichtiger Zugang zur Innenstadt. Ein Durchfahren der Stadt auf der Achse Burgtor – Mühlentor ist jedoch aus Gründen der Verkehrsberuhigung heute nicht mehr möglich. Im Lübecker Stadtgebiet kommt man mittlerweile als Fahrradfahrer am schnellsten ans Ziel.

Die Breite Straße

Gegen Ende des vorletzten Jahrhundert wurde die „Breite Straße" ihrem Namen kaum gerecht. Vielmehr präsentiere sie sich, ähnlich der Mengstraße oder Braunstraße, als eng und ruhig. Viele schmale Wohnhäuser aus dem 17. und 18. Jahrhundert wechselten sich mit Fassaden aus dem Jugendstil ab. Geschäfte gab es nur wenige. 1881 wurde schließlich eine Pferdeeisenbahn in Betrieb genommen. Sie verlief vom Kolosseum in der Kronsforder Allee über die Mühlenstraße und Breite Straße bis zu Travemünder Allee. Das Kolosseum gehörte zu den bedeutendsten Konzertsälen des Reiches. Es bot mit seinem großen Konzertgarten Platz für über 2000 Besucher. Heute ist der Garten einem Parkplatz gewichen.

1894 wich die Pferdebahn einer elektrischen Straßenbahn. Die dadurch notwendig gewordenen Oberleitungen wurden seinerzeit von vielen Lübeckern als schlimme Beeinträchtigung des Stadtbildes angeprangert. Als schließlich der Autoverkehr einsetzte, konnte das Verkehrsaufkommen nicht mehr sinnvoll bewältigt werden. Breite Straße und Königstraße wurden zu gegenläufigen Einbahnstraßen. Ebenso wie in der oberen Holstenstraße führten auch hier die Zerstörungen des Krieges zu einer Verbreiterung der Straße von 14 auf 22 Meter. Lediglich drei Häuser an der Ecke zur Pfaffenstraße haben die Bombennacht überstanden.

Kleine Burgstraße

Die Kleine Burgstraße führt vom Koberg an der Ernestinenschule in einer leichten Steigung bis zum Burgkloster hinauf. Links zweigt die Große Altefähre von ihr ab. Sie wurde 1334 erstmals erwähnt und hatte wie alle Straßen in Lübeck ursprünglich einen lateinischen Namen: Vicus quo descenditur de cimiterio fratrum predicatorum ad Oldenvere. Der Name bezog sich auf die Predigermönche des dominikanischen Burgklosters. Die 1852 festgelegte Bezeichnung „Kleine Burgstraße" bezieht sich hingegen auf die Nähe zur verkehrsmäßig wesentlich bedeutsameren „Großen Burgstraße".

Der Blick auf das Eckhaus an der Kleinen Burgstraße/Ecke Große Altefähre wird heute durch einen stattlichen Baum beherrscht. Im Hintergrund rechts sieht man den Eingang zum ehemaligen Burgkloster-Museum. Das Haus wird Teil des mit Hilfe der Possehl-Stiftung neu eingerichteten Hanse-Museums. Es soll 2013 eröffnet werden.

Engelsgrube und Jakobi

Das Bild um die Jahrhundertwende zeigt regen Fußgängerverkehr, weitgehend unbehelligt von Fuhrwerken. Wegen ihres für Lübecker Verhältnisse steilen Gefälles wurde die Straße von Kutschern möglichst gemieden.

Heute ist auch diese Straße für den normalen Durchgangsverkehr gesperrt. Lediglich die Fahrzeuge der Anwohner mit Parkberechtigungsausweisen säumen die Straßenränder bis zur Höhe Qualmanns Gang. Oberhalb dieser Stelle wird die Engelsgrube zum Parken zu schmal.

Von der Drehbrücke aus betrachtet verläuft die Engelsgrube in einem leichten Bogen von der Untertrave bis zur Breiten Straße und zur Jakobikirche hinauf. An der Untertrave machten im 13. Jahrhundert die Handelsschiffe aus England fest. Der Name Engelsgrube begründet sich daher auf die ursprüngliche Bezeichnung „Fossa Angelica", zu Deutsch „Englische Straße". Im Jahr 1852 wurden die Namen vieler Lübecker Straßen amtlich und verbindlich festgeschrieben. Erst seitdem heißt die Straße „Engelsgrube".

Die Straße blieb, ebenso wie die Jakobikirche, in der Bombennacht von 1942 weitgehend verschont, sodass ein großer Teil ihrer historischen Fassaden erhalten ist. Auffällig sind die oft deutlich unter Straßenniveau liegenden Hauseingänge, zu denen jeweils einige Stufen hinunterführen. Diese bauliche Besonderheit entstand, nachdem das Straßenpflaster 1907 um einen halben Meter angehoben wurde, um das vormals extreme Gefälle zu entschärfen.

Die um das Jahr 1300 gegründete Jakobikirche im Hintergrund wurde in der frühen Bauphase vermutlich als Basilika mit zwei Türmen geplant. Ihre heutige Turmspitze mit den charakteristischen vier Kugeln erhielt die Kirche erst im Jahr 1658. Sowohl der alte Turm als auch der ursprüngliche Dachreiter wurden von Stürmen zerstört. Jakobi war die Kirche der Seefahrer und Fischer. In der nördlichen Turmkapelle erinnert ein Rettungsboot der 1957 gesunkenen Viermastbark Pamir an den Tod von 80 Seeleuten.

Die Beckergrube

Die Beckergrube um 1872, rechts das alte Casino-Theater. Die Beckergrube wurde durch die Bombardierung der Stadt erheblich in Mitleidenschaft gezogen. Glücklicherweise blieb das 1908 vom Dresdner Architekten Martin Dülfer im Jugendstil erbaute Stadttheater weitgehend verschont. Der Bau ersetzte das zuvor an gleicher Stelle befindliche Casino-Theater aus dem Jahr 1859. Wie viele andere Projekte zum Wohle der Stadt und ihrer Bürger wurde auch der Theaterneubau durch Mittel des Lübecker Stifters und Förderers Emil Possehl finanziert. Dieser galt Anfang des letzten Jahrhunderts als reichster Bürger Lübecks.

Die Beckergrube führt von der Kreuzung Breite Straße/Pfaffenstraße mit beständiger Neigung zum Traveufer hinab. Dort befindet sich heute eine Fußgängerbrücke, welche zur Musik- und Kongresshalle hinüberführt. Im oberen Bereich der Beckergrube wurden die Gebäude auf der linken Straßenseite in der Bombennacht von 1942 vollständig zerstört. Bei der Neubebauung wurde der Abstand zur gegenüberliegenden Häuserfront vergrößert, sodass Fahrbahn und Fußwege in diesem Bereich deutlich breiter sind. Da die Breite Straße ab der Kreuzung Beckergrube inzwischen Fußgängerzone ist, wird der Verkehr, der durchs Burgtor in die Stadt führt, über die Beckergrube abgeleitet. Damit ist die Beckergrube eine der wichtigsten und am stärksten befahrenen Durchgangsstraßen der Innenstadt.

Königstraße

Die Königstraße ist seit dem 12. Jahrhundert eine der Hauptverkehrsadern der Lübecker Innenstadt und verläuft parallel zur Breiten Straße von der Großen Burgstraße bis zur Mühlenstraße. Im nördlichen Teil gegenüber der Jakobikirche befinden sich das Stammhaus der GEMEINNÜTZIGEN sowie die „Zimberei“, eines der angesehensten Restaurants der Stadt. Wenige Schritte entfernt gelangt man zum Behnhaus, einem klassizistischen Bürgerhaus aus dem Jahr 1783 (gelbes Gebäude links im Bild), welches seit den 20er-Jahren als Kunstmuseum dient. Die Ausstellungsräume wurden in der 70er-Jahren um das links danebenliegende Dräger-Haus erweitert.

Mit roter Beflaggung in der Bildmitte befindet sich das ehemalige Stammhaus der Junker- und Zirkelgesellschaft mit einer Fassade aus dem Jahr 1770. 2007 wurde hier das Lübecker Willy-Brandt-Haus eröffnet, welches sich dem Leben und Wirken des berühmten Politikers widmet.
Die Fassadenreihe wird im Hintergrund von Dach und Giebel der Katharinenkirche überragt. Diese wird zurzeit für ca. drei Mio. Euro restauriert.

Die siebente Querstraße

Die kleine Straße verbindet die Beckergrube mit der Mengstraße. Der Name lässt vermuten, dass er sich auf die ursprünglich planmäßige Anlage der Lübecker Innenstadt-Straßen bezieht. Tatsächlich aber ist der Name das Ergebnis einer Fehldeutung und wurde über Generationen aus der 1401 erstmals erwähnten Bezeichnung „Zohgestrate“ und später „Sögenstrate“ abgeleitet, was im Neuhochdeutschen „Sauenstraße“ bedeutet. Aus „Sogen“ wurde durch sprachliche Verschleifung schließlich „Sieben“. Eine Nummerierung der Innenstadtstraßen, ähnlich wie in amerikanischen Städten, gab es in Lübeck nicht. Die versteckte Seitengasse verbindet die Mengstraße mit der Beckergrube. Die Siebente Querstraße hat ihr Bild über die letzen hundert Jahre kaum verändert.

Holstenstraße

Ursprünglich war die Holstenstraße wesentlich schmaler als heute. Die Häuser beider Straßenseiten standen nur gute zehn Meter voneinander entfernt und die Straße maß grade sechs Meter.

Heute trennen 22 Meter die Häuserfronten im oberen Bereich der Straße und die Fahrbahn misst 12 Meter. Diese „Anpassung“ an den Autoverkehr wurde nach der weitgehenden Zerstörung der Bausubstanz im Kriegsjahr 1942 möglich. Der untere Teil der Straße blieb hingegen weitgehend verschont. Eine gewisse Verbreiterung der Fahrspuren wurde durch Arkaden ermöglicht.

Schmiedestraße

Die Schmiedestraße verläuft vom Klingenberg in einer Kurve an St. Petri vorbei zur Holstenstraße. Die Zunft der Schmiede hatte hier ihr Stammhaus. 1457 wurde sie noch als „Große Schmiedestraße“ bezeichnet, um sich namentlich von der damaligen „Kleinen Schmiedestraße“ zu unterscheiden. Seit 1884 wird Letztere jedoch „Kupferschmiedestraße“ genannt. Die ursprünglich gotischen Backsteinhäuser zeigten seit dem 19. Jahrhundert überwiegend klassizistische Fassaden. Ebenso wie die Gebäude am nahen Klingenberg wurde auch dieser Straßenzug in der Nacht zum Palmsonntag nahezu vollständig vernichtet.

Wo sich einst kleine Bürgerhäuser mit schmalen Einzelfassaden aneinanderreihten, wird das Straßenbild jetzt durch das Rieckmann-Gebäude, ein Parkhaus und einen Hotelneubau aus dem Jahr 2011 beherrscht. Im Hintergrund sieht man die Petrikirche. Die Durchfahrt von der Holstenstraße zur Mühlenstraße ist sowohl über die Schmiedestraße als auch über die Sandstraße gesperrt. Die einen nennen dies Verkehrsberuhigung, die anderen Verkehrsinfarkt.

Obertrave

Die Obertrave um 1872. Die Straße An der Obertrave – kurz die Obertrave – gehört zu den schönsten Flaniermeilen der Stadt. Genaugenommen handelt es sich dabei mit 720 Metern noch nicht einmal um eine halbe Meile. In früheren Zeiten wurden Teile der Straße nach ihrer Funktion benannt: Holzmarkt, Salzmarkt und – wegen der Schwimmholzabsperrung zum Travehafen – Am oberen Wasserbaum. 1884 wurde der Name An der Obertrave schließlich amtlich festgelegt.

Von der Holstenbrücke aus betrachtet, bietet die Fassadenfront ein nahezu vollständig erhaltenes Bild der historisch gewachsenen Bebauung. Auf dem Foto ist im mittleren Bereich das Haupthaus der Lübecker Musikhochschule zu sehen, die 1973 gegründet wurde. Insgesamt 22 historische Bürgerhäuser aus verschiedensten Epochen wurden für die Hochschule in einzigartiger Weise zu einem Gesamtobjekt zusammengefügt. Zuletzt wurde die denkmalgeschützte Holstenhalle auf der gegenüberliegenden Traveseite der Musikhochschule angegliedert. Im Hintergrund ist eine Fußgängerbrücke über die Trave zu sehen, über die man vom Hauptgebäude der Hochschule zur Holstenhalle gelangt. Sie wird von den Studenten liebevoll Professorenbrücke genannt.

Mühlenstraße

Die südliche Mühlenstraße hat ihr Gesicht weitgehend bewahrt. Wo links im Bild eine Konditorei zu erkennen ist, befinden sich heute die Verkaufsräume des Musikhauses Andresen. Mit der Einstellung des Betriebs der Lübecker Straßenbahn zugunsten von Linienbussen im Jahr 1959 sind auch die Bahngleise aus den Straßenbildern verschwunden. Teilweise schlummern sie aber noch unter dem heutigen Asphalt. Die Postkarte, die diesem Bild zugrunde liegt, wurde um 1910 gedruckt.

Die Sonnenschirme auf dem Bild gehören zum Alten Zolln, einer der traditionsreichsten Kneipen der Stadt. Im rot geklinkerten Gebäudekomplex im hinteren Bildbereich befindet sich heute das Cinestar-Kino und das beliebte italienische Restaurant St. Marco.

Kapitelstraße

Die Kapitelstraße wurde 1309 erstmalig erwähnt. Damals trug sie den etwas umständlichen Namen Parva platea inter plateam arenae et plateam molendinorum, was bedeutet: Kleine Straße zwischen dem Pferdemarkt und der Mühlenstraße. Glücklicherweise darf sie seit 1884 ihren heutigen Namen tragen.

Verglichen mit dem historischen Foto von 1931 ist die Straße heute kaum noch wiederzuerkennen. Das alte Gebäude links im Bild fiel den Bomben zum Opfer. Hier war zeitweise die Gewerbeschule der Lübecker GEMEINNÜTZIGEN untergebracht. Heute befindet sich auf dem Gelände der lauschige Garten der Restaurants Amadeus. Rechts hinten an der Ecke zur Mühlenstraße ist das C&A Gebäude zu erkennen.
Auch die Giebelfassade auf der gegenüberliegenden Seite der Mühlenstraße ist verschwunden. Nur der unbeschädigte Turm der Aegidienkirche lässt heute den Standort erkennen, den der damalige Fotograf eingenommen hat.

Hövelngang

Den Hövelngang gibt es zweimal in Lübeck. Ein Gang dieses Namens befindet sich in der Hundestraße 55 und der hier abgebildete Gang liegt in der unteren Wahmstraße bei der Hausnummer 73. 1654 war Gotthardt von Hoeveln Bürgermeister der Stadt. Seine Familie stand den Stiftungen vor, welche die Gänge in einer Art sozialen Wohnungsbaus förderte.

Heute sind die Ganghäuser trotz ihren bescheidenen Wohnflächen als idyllische Rückzugsrefugien innerhalb der Stadt äußerst beliebt und werden teuer gehandelt.

Der Kanal

Mit dem Bau des Elbe-Lübeck-Kanals und den damit verbundenen umfangreichen Baumaßnahmen am Ende des vorletzten Jahrhunderts wandelte sich das Stadtbild und die gesamte Lübecker Infrastruktur in dramatischer Weise. An kaum einer anderen Stelle sind die Veränderungen derart durchgreifend zu sehen wie im Umfeld des Burgtors. Es ist heute kaum vorstellbar, dass vor nicht allzu langer Zeit vor dem Burgtor weder ein Gewässer noch ein Brücke war. Das um die Wende vom 19. zum 20. Jahrhundert entstandene Bild vermittelt einen Eindruck von der zeitgenössischen Großbaustelle.

Seit der Einweihung des Elbe-Lübeck-Kanals im Jahr 1900 befindet sich die Lübecker Innenstadt auf einer Art Insel. Der Wasserweg der Wakenitz nimmt heute einen ungewöhnlichen Verlauf. Er führt durch ein neun Meter tiefes Rohrsystem unter dem Kanal hindurch und gelangt über den Krähen- und Mühlenteich schließlich zur Trave.

Die Hubbrücke

Im Zuge der umfassenden Maßnahmen zum Bau des Elbe-Lübeck-Kanals entstand am Zusammenfluss von Kanal und Trave die eiserne Hubbrücke. Sie wurde am 16. Juni 1900 von Kaiser Wilhelm eingeweiht. Damit größere Schiffe unter der Brücke hindurchfahren können, lässt sich die Auto-Fahrbahn über eine Hydraulik anheben, während der Übergang für Fußgänger höher angelegt wurde und nicht mitbewegt wird. Die Hydraulik ist im neogotischen Turm neben der Brücke untergebracht. Die beiden Motoren zum Anheben der Brücke leisten jeweils ganze 24 PS.

1984 musste die alte Brücke erstmalig umfangreich überarbeitet werden, knapp 20 Jahre später steht eine Erneuerung der Brücke an, für die rund 13. Mio € veranschlagt werden.

Lisa von Lübeck

Anlässlich der Feier zur Reichsfreiheit wurde 1926 in Lübeck eine mittelalterliche Hansekogge nachgebaut. Das Schiff war 22 Meter lang und ca. sechs Meter breit. Es diente dem Lübecker Jacht-Club als Vereinsrestaurant und später auch als Klubhaus. Leider erwies sich das Schiff aber als nicht besonders seetüchtig und kenterte mehrmals. Die Kogge wurde zwar gehoben, verschwand danach aber spurlos.

1990 wurde mithilfe der Lübecker Mäzenin Lisa Dräger eine Kraweel nach alten Abbildungen gebaut. Das Schiff liegt gegenüber dem Museumshafen an der Untertrave und hat seine Seetüchtigkeit mittlerweile auf vielen Fahrten hinreichend unter Beweis gestellt. Es trägt den Namen seiner Stifterin.

Die Puppenbrücke

Die Puppenbrücke, die ursprünglich Bestandteil der äußeren Holstentor-Anlage war, hat seit dem 16. Jahrhundert eine bewegte Entwicklungsgeschichte hinter sich. Im Zuge der Neugestaltung des Grabens und der Wallanlagen wurde sie durch eine Holzbrücke ersetzt. 1743 musste die Konstruktion aufgrund ihres maroden Zustands durch eine neue Holzbrücke ersetzt werden, die jedoch nur 24 Jahre hielt. Danach entschloss man sich zum Bau einer Steinbrücke, die 1773 fertiggestellt wurde. Ein Jahr darauf erhielt die Brücke ihre acht Figuren und vier Vasen aus Wesersandsstein, welche ihr ihren heutigen Namen gaben.

Um dem wachsenden Verkehr gerecht zu werden, wurde die Brücke im 19. Jahrhundert auf der Südseite durch eine Holzkonstruktion verbreitert. Als schließlich der Bahnhof vom Holstentorplatz auf die andere Brückenseite verlegt wurde, war ein Neubau der Brücke unumgänglich. Die Brücke wurde 1899 als Fachwerk-Zügelgurtbrücke gebaut. 1908 wurde schließlich die Puppenbrücke in ihrer heutigen Form eingeweiht. Die Figuren wurden 1907 restauriert. Da sie mehrfach mutwillig beschädigt wurden, befinden sich die Originale heute zu ihrem Schutz im Garten des St.-Annen-Museums.

Mühlentorbrücke

Als Verlängerung der Mühlenstraße führt die Straße „Mühlenbrücke" ab Musterbahn von der Innenstadtinsel in südlicher Richtung über die Wasserverbindung zwischen Krähenteich und Mühlenteich sowie über den Kanal hinaus zum Mühlentorplatz. Die Straße lag ursprünglich außerhalb der Stadtbefestigung. Auch an dieser Stelle schützte eine Toranlage die Stadt vor feindlichen Angriffen. Es gab insgesamt sogar vier Tore, die aber nicht gleichzeitig existierten. Das letzte innere Tor wurde 1861 niedergerissen.

Heute ist die Mühlentorbrücke als einzige südliche Zufahrt zur Innenstadtinsel eine viel befahrene Hauptstraße. Zudem ist ihr der Kreisverkehr an der Zusammenführung von Kronsforder Allee, Ratzeburger Allee und Hüxtertor Allee vorgelagert. Im Schnitt passieren rund 21 000 Fahrzeuge täglich die Brücke.

Der Mühlenteich

Der Blick über den Mühlenteich in Richtung des Doms lädt damals wie heute zum Verweilen ein. An der Südseite des Doms befand sich früher das Dom-Kloster mit einem Krankenhaus. Es wurde zugunsten eines neugotischen Museumsbaus mit verspielter Fassade abgerissen, der 1893 eingeweiht wurde. Das Museum fiel dem Bombenangriff 1942 zum Opfer und brannte vollkommen nieder. Die Flammen griffen dabei auch auf den Dom über und führten letztlich zum Einsturz des Dachstuhls und der Türme.

An der Stelle des alten Museums befindet sich heute der schlichte Bau des Museums für Natur und Umwelt. Der Mühlenteich bildet den Abschluss der Wakenitz, welcher hier über ein Wehr am 1290 aufgeschütteten Mühlendamm in die Trave mündet. Der Wasserstandsunterschied wurde bis in die 50er-Jahre des letzten Jahrhunderts zum Betrieb der städtischen Wassermühlen genutzt.